KB272951

이것

또한

지나가리라

이것 또한 지나가리라

에크하르트 톨레 지음
최윤영 옮김

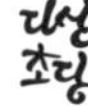

추 천 의 글

이해인(수녀, 시인)

아름답고 의미 있는 그림과
감칠맛 문구가 가득한 책.

정신없이 바쁘게 돌아가는 세상 속에서
잠시 호흡을 가다듬고 자기 내면을 돌아보며
작은 평화와 휴식을 느끼게 해주는 책입니다.

알기 쉽고 간결한 언어로 일관된 작가의 글은
결국 현재의 삶을 충실히 살아내는 것,
자기 자신을 선물로 여기고 사랑하는 것만이
행복에 이르는 길임을
새롭게, 고맙게 깨우쳐 줍니다.

지금 이곳에 존재하기

스코틀랜드의 핀드혼. 이곳에 인간과 자연의 교감을 핵심 가치로 내세운 공동체가 세워진 것은 1960년대의 일입니다. 풀 한 포기 자랄 수 없을 정도로 모래와 자갈만이 널려 있던 척박한 이곳에 자연과 영원한 공생을 꿈꾸던 이들이 모였고, 그들은 자연의 존재들과 깊이 있는 관계를 맺으며 황무지에 풍요로운 생명력을 불러왔습니다.

자연과 새로운 관계를 맺는 일은 우리의 의식을 깨우는 데 필수적입니다. 자아를 중시하는 오늘날의 문화에서는 자연과 구분되는 것을 너무나 당연하게 여깁니다. 하지만 그럼으로써 우리는 자연

뿐만 아니라 우리 자신, 나아가 타인과도 단절되고 맙니다.

2004년 봄날 핀드혼 숲에서 지내는 동안 새와 나무, 꽃과 바람, 바다와 숲, 강물은 모두 저의 스승이 되어주었습니다. 이들은 무엇을 가르쳐주었을까요? 바로 고요함입니다. 지금, 이 순간을 사는 법, '지금'에 오롯이 집중하는 법, 그리고 존재한다는 것의 의미를 일깨워 주었습니다.

지난 수년간 스코틀랜드와 캐나다, 미국에서 제가 직접 촬영한 자연 사진도 이 책에 함께 담았습니다.* 이 사진을 바라볼 땐 머릿속 생각을 잠시 멈추고 그저 고요하게 응시해 보세요. 그렇다고 억지로 생각을 떨치려 애쓸 필요는 없습니다. 그저 바라보는 행위 그 자체에 온전히 집중해 보세요. 불쑥 생각이 떠오른다면 너무 깊이 빠져들지 말고, 가만히 거리를 두면 됩니다. 스쳐 지나가는 구름을 바라보듯 말이죠.

현대를 살아가는 이들에게 지금, 이 순간은 미래의 행복을 위해 넘어야 할 장애물, 통과의례 정도로 여겨집니다. 사람들은 지나가 버린 과거를 돌아보며 아쉬워하고, 아직 오지 않은 미래를 걱정하며 기다립니다. 그러나 이 순간에 존재할 때 비로소 과거와 미래라는 인생의 굴레를 벗어날 수 있습니다. 영원히 변하지 않는 것은 없기에 지금 마주하고 있는 이 순간이 소중한 것입니다.

우리가 감각을 통해 느끼는 것은 표면적인 현상에 불과하지만,

그것은 좀 더 깊은 내면으로 들어가는 통로가 될 수 있습니다. 생각을 비우고 온전히 집중할 때, 비로소 만물에 깃든 신비와 신성함에 마음의 문을 열게 됩니다. 바로 그때, 우리는 그 신비로움이 자신의 본질과 하나임을 깨닫게 됩니다.

그것은 표면적인 모습 너머에 있는 자신의 진짜 모습입니다. 그리고 이것이 바로 『도마복음』에 기록된 가르침의 참된 의미입니다. "나무를 쪼개보아라. 내가 그곳에 있다. 돌을 들어 올려보아라. 그곳에도 내가 있다." 나무나 돌 속에서 인간인 예수를 찾는다는 게 아니라, 만물에 깃든 근원적인 본질을 발견하게 된다는 뜻입니다.

이 사실을 깨닫고 나면 눈에 보이는 표면적인 모습을 뛰어넘는 깊은 아름다움과 생명력이 느껴지기 시작합니다. 우리가 깨어날 때, 자연도 비로소 함께 깨어나는 것입니다.

＊[편집자 주] 에크하르트 톨레가 찍은 사진은 한국어판 뒤에 수록된 영문판에서 감상할 수 있습니다.

차 례

책 속의 그림은 숲으로 떠난 어느 인물을 따라
갑니다. 새와 나무, 바람과 호수 곁에서 머문 찰나
의 순간에 고요함이 깃들어 있습니다. 이 여정을
따라 자신 안의 변화를 느끼고 관찰하세요. 깊은
울림에 오롯이 머물도록 이끌어줄 것입니다.

이것 또한 지나가리라

　이 책은 대단한 지식이나 흥미로운 사실, 혹은 새로운 정보를
다루지 않습니다. 그런 건 이미 세상에 차고 넘칩니다. 여러분의 손
에 들린 아무 기기에서 버튼 하나만 눌러도 정보는 끝없이 쏟아집
니다. 우린 정보가 넘쳐나는 세상 속에 살고 있으니까요.

　그렇다면 이 모든 것의 목적은 무엇일까요? 끊임없이 더 많은 것을 알고, 더 많은 것을 갖는 게 목적이라면 그것은 과연 무엇을 위한 걸까요?

　　화려하고 값비싼 물건을 더 많이 가지면 삶이 더 충만해질까요? 생각하고 분석하는 능력을 키워 지식과 정보를 쌓아 올리면 진정한 자아를 찾을 수 있을까요? 물건이든 지식이든 '더 많이' 가질 때 구원에 이를 수 있을까요?

천사 모양의 구름과 연못, 물고기, 물 위에 퍼지는 잔물결…. 그리고 이 모든 것을 보고 느끼는 나. 우리가 함께 이 순간을 만들어냅니다.

자기중심적인 상태에서는 사랑마저 쉽게 오해합니다. 사랑이
란 특별한 사람에게서만 느낄 수 있는 감정이라고 생각하게 되죠.

하지만 진정한 사랑은 그 대상이 누구인지와 관련이 없습니다. 한 사람 속에서 또 다른 나를 발견할 때, 우리는 비로소 진정한 사랑을 경험합니다.

이 사랑은 자연 속에서 더 쉽게 느낄 수 있습니다. 먼저 자연 곁
으로 가만히 다가가 보세요. 온전히 그 순간에 머물며 교감합니다.
그리고 그 경험을 천천히 사람과의 관계로 옮겨 적용해 보세요.

상대를 바꾸려 하지 마세요. 있는 그대로 자연을 받아들이듯 그
저 조용히 함께 머물러 보세요. 오롯이 그 사람에게만 집중하는 겁니
다. 머릿속 생각은 잠시 내려놓고 상대의 말에 귀 기울여 봅니다.

당신은 하늘입니다. 구름은 왔다가 쉬이 사라질 뿐이죠.

지금, 이 순간에 온전히 머무를 때 비로소 과거에 대한 후회도 미래에 대한 불안도 사라집니다. 그 고요함 속에서 참된 지혜와 사랑이 솟아납니다. 사랑에는 특별한 조건이나 형태가 필요치 않습니다. 이 순간에 집중하면 내면의 여유가 생겨나고, 사랑도 자연스레 찾아옵니다. 사랑에는 정해진 틀이 없기 때문입니다.

마음속 집착을 버리면 우리는 꽃처럼 투명해집니다. 그 맑아진
마음을 타고 보이지 않는 영혼의 빛이 온 세상에 퍼져나갑니다.

눈에 보이는 것만으로는 온전함에 이를 수 없습니다. 나다움을 완성하는 데 필요하다고 생각하는 것들을 아무리 쌓아 올려도 그것만으로는 충분하지 않습니다.

그런 순간이 짧게나마 찾아올 순 있습니다. 그럴 땐 모든 일이 술술 풀리는 것 같습니다. 건강에도 문제가 없고, 대인관계도 좋습니다. 경제적으로도 여유롭고, 사람들의 존경과 사랑까지 받습니다.

하지만 그리 오래지 않아 조금씩 금이 가기 시작합니다. 경제적인 문제가 생기기도 하고, 인간관계가 흔들리기도 합니다. 건강이나 직장 문제로 타격을 받기도 합니다.

눈에 보이는 것들은 그 무엇도 영원하지 않습니다. 그것이 세
상의 이치죠. 결국, 공들여 쌓은 성은 무너지게 마련입니다.

이전에 보이던 것들은 사라지고 또 다른 형태가 만들어집니다. 하늘 위 구름을 가만히 들여다보세요. 생겨났다가 없어지기를 무수히 반복합니다. 우리가 사는 이 세상도 마찬가지입니다.

생각 더미 속 작은 틈을 마주할 때, 비로소 무거운 억압에서 벗어날 수 있습니다.

태양은 늘 그 자리에 있습니다. 저무는 태양은 인간의 한계가 빚어낸 착시일 뿐이죠. 그럼에도 이 얼마나 찬란한 광경인지요.

세상 모든 일을 내 잣대로 평가하고 판단하는 일을 멈추세요. 이미 흘러가 버린 일이나 아직 일어나지도 않은 일에 대한 집착도 내려놓고요.

그저 지금, 이 순간에 집중해 보세요. 껍데기뿐인 자아는 사라지고 비로소 지금 이곳에 머물게 됩니다.

그럼 삶은 아주 단순해집니다. 특별해져야 한다는 압박이 사라지고 내 본연의 존재에 가까워지죠. 더는 남들에게 잘 보이기 위해 나를 증명하려 애쓰지 않아도 됩니다.

이 사실을 깨닫는 순간, 엄청난 해방감이 찾아옵니다. 내 안의
빛나는 가치를 마주할 때 느끼는 자유는 또 얼마나 경이로운지요.

새소리에 귀를 기울여 보세요. 내 판단을 덧붙이기 전, 순수하게 듣기만 하는 찰나의 순간이 있습니다. 새로운 자극이 의식 속으로 들어오는 그 순간을 붙잡아 보세요. 그 작은 틈 속에 고요함, 삶의 감각 그리고 내 본연의 가치가 존재합니다.

우선은 그 틈을 인식하는 게 시작입니다. 그러고 나면 어느새 그 틈이 조금씩 벌어지고 있음을 발견하게 될 겁니다. 다른 감각에 가려져 있던 고요함도 한층 깊어집니다. 늘 존재했으나 미처 알아차리지 못했을 뿐이죠. 내 안의 고요가 깊어질 때, 이 순간에 집중하는 힘이 내 모든 일상과 행동 속으로 자연스레 스며듭니다.

마치 무의 상태로 녹아드는 듯한 더없이 고요한 호수.

‘지금’이라는 통로를 지나 본질의 세계로 들어가 보세요.

끊이지 않는 생각의 고리는 겉모습에만 집착하는 세상을 만들어냈습니다. 그 속에서 우리는 인간으로서 본연의 가치를 잃어버렸죠. 경건함, 고요함, 무형의 내면, 신성함까지.

온 세상을 얻고도 나를 잃는다면 그것이 무슨 소용일까요?

아름다운 이야기가 하나 있습니다. 『기적 수업』이라는 책을 쓴 헬렌 슈크만의 꿈 이야기입니다. 그녀는 꿈속에서 낡은 상자 하나를 발견합니다. 상자 속에는 오래된 두루마리가 들어 있죠. 두루마리를 천천히 펼치자 왼쪽과 오른쪽에 각각 글귀가 하나씩 적혀 있었습니다. 그때 어디선가 이런 목소리가 들려옵니다.

"왼쪽에 적힌 것을 읽으면 과거를, 오른쪽에 적힌 것을 읽으면 미래를 알게 될 것입니다."

그녀는 왼쪽과 오른쪽을 흘깃 쳐다본 뒤 이내 두루마리를 양쪽 끝에서 말아 쥐었습니다. 그리고 처음 펼쳤던 중간 부분을 응시했죠. 거기엔 이렇게 적혀 있었습니다. "신은 존재합니다."

그녀가 대답했습니다. "내게 중요한 건 바로 이 사실뿐입니다. 다른 건 관심 없어요." 그러자 이런 목소리가 들려옵니다. "축하합니다. 마침내 깨달았군요." 이후 그녀의 모든 시선은 오직 '지금, 이 순간'에 머물게 되었습니다.

지금, 이 순간의 형상은 눈에 보이지 않는 더 깊은 본질적 세계
로 들어가는 문일 뿐입니다.

성경 속 예수님이 언급한 '좁은 문'의 비유와 일치하지요. 이 문은 매우 좁습니다. 과거도 미래도 아닌 현재뿐이니까요.

　이 좁은 문으로 들어가려면 당신의 과거와 미래가 적힌 두루마리는 이제 말아두어야 합니다. 두루마리가 책을 대신하던 그 옛날, 두루마리를 다 읽은 후엔 둘둘 말아 정리해 두었던 것처럼 말이죠. 이제 우리 각자의 이야기도 그렇게 정리해야 할 때입니다.

그러니 당신의 이야기는 그만 내려놓길 바랍니다. 그것은 어디까지나 하나의 서사일 뿐, 결코 당신의 존재 자체가 아닙니다. 사람들은 과거와 미래라는 무거운 짐을 안고 살아갑니다. 자신의 서사가 어떻게든 좋은 결말을 맞이하길 바라는 마음으로 말이죠. 하지만 그런 일은 일어나지 않습니다. 그러니 이제 그 낡은 두루마리는 둘둘 말아버립시다. 이제 그래야만 합니다.

커다란 나무 앞에 서 있어 보세요. 그리고 나무가 주는 고요함
을 느껴보세요.

예술이 존재하는 목적은 신성함에 있습니다. 예술은 우리를 성스러운 세계로 안내하는 통로 역할을 합니다. 예술을 마주하고 경험할 때, 진정한 자기 자신을 바라보게 됩니다. 예술이라는 거울에 비친 우리의 본모습을 보게 되는 것이죠. 진정한 예술 작품은 눈에 보이는 형태를 뚫고 형태 없는 본질로서 빛을 발합니다.

예술 작품을 만드는 게 궁극적으로 우리 모두가 도달해야 할
삶의 목적은 아닙니다. 그보다 훨씬 더 중요한 것은 우리 개개인이
하나의 예술 작품이 되는 것입니다. 겉으로 드러나는 모습과 자신
을 동일시하기를 멈출 때 우리의 삶과 존재는 비로소 투명해지고
그 본질이 환하게 드러납니다.

　　이렇듯 존재 자체가 예술이 되는 순간은 내면의 고요함에 머물 때 찾아옵니다. 바로 그때, 형체 너머의 무언가가 형체를 뚫고 빛나기 시작합니다.

당신은 이 모든 형상을 비추는 빛입니다.

나무의 본성은 고요하나 역동적이고 강한 생명력으로 하늘을
향해 뻗어갑니다.

잘 가꿔진 정원은 한눈에 들어오지만, 원시의 숲은 너무나 무질서해 보입니다. 하지만 그 안에는 인간의 이성으로는 결코 헤아릴 수 없는 고차원적 질서가 숨어 있습니다.

고요함에 머물 때 비로소 그 질서를 느끼게 됩니다. 우리 또한 그 질서 속 신성함과 맞닿아 있는 존재이기 때문입니다.

당신은 하늘입니다. 구름은 왔다가 쉬이 사라질 뿐이죠.

생각으로는 문제를 해결할 수 없습니다. 오히려 그 생각 때문에 문제가 생겨날 뿐이죠. 생각의 굴레에서 벗어나 고요함에 머물러 보세요. '지금, 이 순간'에 온전히 집중하는 겁니다. 그럼, 해결의 실마리가 자연스레 떠오를 거예요. 이후 생각의 흐름이 다시금 이어지면, 이전에는 깨닫지 못한 창조적 통찰이 찾아옵니다.

　　과도한 생각을 내려놓고 그저 모든 것이 어떻게 변하는지 지켜
보세요. 먼저 사람들과의 관계가 달라질 겁니다. 관계 속에서 상대
에게 크고 작은 요구를 하지 않게 됩니다. 더는 다른 사람을 통해 내
존재를 증명할 필요가 없기 때문이죠. 그래서 다른 사람과 비교하
거나 그보다 더 나은 사람이 되려고 애를 쓰지도 않습니다.

나아가 상대방을 있는 그대로 받아들이게 됩니다. 상대를 변화시키려 노력하지 않으며, 나의 행복을 위해 상대가 다르게 행동하길 바라지도 않습니다.

당신이 알아차리지 못하는 마음속 모든 생각 뒤에는 자아가 숨어 있습니다. 그것은 곧, 내가 존재한다는 뿌리 깊은 자의식이죠.

우리는 생각의 흐름과 나 자신을 동일시하곤 합니다. 떠오르는 생각이 '나'라고 믿어버리죠. 이것이 무의식적 삶의 본질입니다. 우리가 끊임없이 미래에 매달리는 이유도 여기에 있습니다. 더 나아진 모습을 꿈꾸며 현재의 결핍을 채우고자 애를 씁니다. 그렇게 자기 인생의 드라마가 행복한 결말로 끝나길 고대하지만, 그것은 생각이 만들어낸 허상일 뿐이죠.

안타깝게도 우리는 그 허구의 이야기를 자신의 정체성이라고 착각한 채 살아갑니다. 이처럼 끊임없이 더 나은 것을 원하는 집착은 인간 존재의 근원적인 비극이 되었습니다.

바닷가 모래사장에 작은 거품 하나가 생겼습니다. 그 표면에 태양 빛과 손을 들어 인사를 건네는 이의 모습이 나란히 비칩니다. 몇 초가 흐르고 몇 년이 지나면, 영겁의 시간 뒤에 이 모든 것은 결국 사라져 버리고 말 것입니다.

저 광활한 우주와 우리 마음속 깊은 고요는 결국
하나입니다.

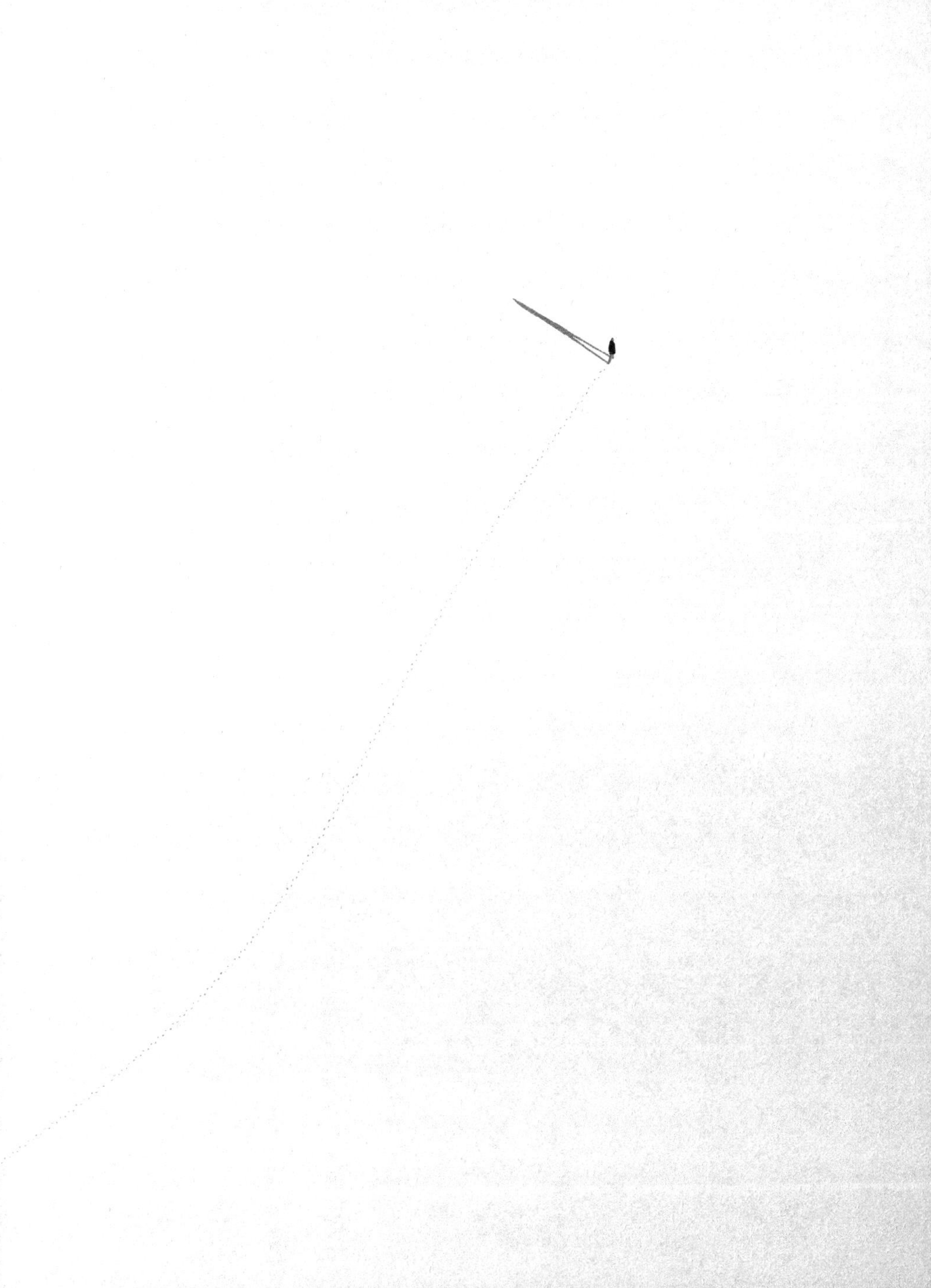

"나무를 쪼개보아라. 내가 그곳에 있다. 돌을 들어 올려보아라.
그곳에도 내가 있다."

인간이 불행해지는 데는 두 가지 이유가 있습니다. 원하는 것을 얻지 못해서, 혹은 그것을 얻고 나서도 또 다른 것을 원하기 때문입니다.

　세상 모두가 좇는 부와 명예, 성공을 이뤄내도 사람들은 여전히 불행합니다. 설령 행복이 찾아온다 해도 잠시일 뿐, 내면은 늘 소란합니다. 목적지에 당도했다는 안도감도, 진정한 평온함도 누리지 못합니다.

그들은 성공했지만, 그 성취가 오랜 시간 찾아 헤맨 자기 자신을 찾아주진 못했기 때문입니다. 삶의 근원에 닿았다는 충만함을 느낄 수 없는 것입니다.

인간과 달리 동물은 온 우주와의 일체감을 잃지 않습니다. 끝없는 생각의 굴레에 갇혀 괴로워하지도 않습니다.

그저 자신이라는 존재에 만족하며 살아갑니다. 문제를 만들어
세상을 복잡하게 하지도 않습니다. 그 자체로 살아갈 뿐입니다.

나는 봄이 오기를 기다리지 않습니다. 나아가야 할 때와 멈춰서야 할 때를 알기 때문입니다. 그저 지금, 이 순간에 온전히 집중합니다. 나는 그 자체로 존재합니다.

구름 사이로 햇살이 스며들듯, 생각의 틈 사이로 고요한 자각이 스며듭니다. 수많은 생각이 스쳐 지나갈지라도 나는 내 존재의 본질을 느낍니다.

　새로운 일에 도전하고 세계 곳곳을 탐험하며 새로운 사람을 만나는 건 그 자체로 아름다운 일입니다. 지식을 넓히며 전문성을 개발하고 신체와 정신의 능력을 키우며 무엇이든 창조해 나갈 궁리를 하는 것 또한 마찬가지입니다.

　이 세상에서 무언가를 창조해 낸다는 것은 실로 가치 있는 일이며, 당신이 펼쳐낼 가능성은 무한합니다.

여기서 우리는 스스로 질문해야 합니다. 지금 하는 일 속에서 나라는 존재를 증명하기 위해 애쓰고 있진 않은가? 더 나은 내가 되기 위해 끝없이 무언가를 채우려 하고 있진 않은가? 언젠가 도달할 이상향을 꿈꾸며 내일만을 향해 달려가고 있진 않은가?

이것 또한 지나가리라.

　　당신의 여정이 얼마나 멀고 험난하든 우리가 마주하는 건 오직 이것뿐입니다. 한 번의 걸음, 한 번의 호흡, 한 번의 순간. 바로 지금입니다.

우리 마음은 고요함을 기억해 두려 하지 않습니다. 전혀 흥미로운 대상이 아니기 때문이죠. 마음은 늘 생각거리를 찾아 헤매지만, 그것이 삶의 본질은 아닙니다.

나무 한 그루, 꽃 한 송이, 혹은 저녁노을을 가만히 바라보세요. 그 모습에 내 생각이 개입하는 순간 그 풍경은 흥미로운 구경거리가 되고 맙니다. 그것이 지닌 깊이와 생명력은 사라져 버립니다.

　　나무든 노을이든 오롯이 그 대상에만 집중해 보세요. 그것은 흥미로운 것 이상의 존재가 됩니다. 그저 가만히 앉아 응시해 보세요. 경이로움이 차오를 것입니다. 그 안에는 내 생각으로는 도저히 닿을 수 없는 깊이가 있습니다.

형체를 지닌 건 모두 변하기 마련입니다. 하지만 변해가는 모습 사이로 변치 않는 생명의 빛이 배어 나옵니다. 이제 겉모습은 어떻든 중요하지 않습니다. 그 너머의 진짜 모습이 투명하게 비치기 시작하니까요.

우리의 모습 또한 영원하지 않습니다. 하지만 지금 여기, 가만히 앉아 있는 나 자신에게 집중해 보세요. 무언가 맑고 투명한 느낌이 전해집니다. 고요함이라 부르든, 깨어 있음이라 부르든, 내가 존재한다는 깊은 자각이라 부르든 상관없습니다. 그것은 겉모습 너머에 있는 나의 진짜 모습입니다. 이전에는 복잡한 서사와 수많은 생각에 가려져 잘 보이지 않았을 뿐입니다.

당신은 존재한다는 사실 자체로 값지고 귀합니다. 그동안 당신의 자아는 특별한 사람이 되고자 무던 애를 써왔지만, 그것은 당신이 이미 더할 나위 없이 특별하다는 사실을 가리고 있었을 뿐입니다. 이 특별함은 다른 사람보다 잘나서, 혹은 못나서 주어지는 게 아닙니다. 깊은 내면에서 차오르는 아름다움과 소중함, 삶의 감각을 느낄 수 있기에 특별한 것입니다.

이 세상에 영원한 건 없다는 사실을 기꺼이 받아들일 때, 우리는 비로소 세상을 있는 그대로 사랑할 수 있습니다. 그때부터 삶은 무거운 숙제가 아닌 가벼운 놀이가 되고 자연스레 흘러나오는 한 편의 노래가 됩니다.

가만히 지켜보는 고요한 마음.

강아지를 쓰다듬거나 내 가슴팍에서 잠든 고양이의 숨소리를
들을 때면, 어느새 생각의 소음은 잦아듭니다. 그저 동물을 바라보
는 것만으로도 복잡한 생각에서 멀어지곤 하죠.

동물은 인간보다 생명의 본질에 더 깊이 닿아 있습니다. 존재 자체에 깊이 뿌리내린 그들의 평온함은 우리에게도 그대로 전해집니다. 생각의 늪에 빠져 길을 잃을 뻔한 수많은 이가 이 작은 생명 덕분에 마음의 평안을 지키며 살아가고 있습니다.

생각의 소음이 잦아들고 고요가 찾아오면, 비로소 대지 깊은 곳에서 전해져 오는 평온함을 느낄 수 있습니다.

지금, 우리 내면에 깃든 심연을 향해 나아갑니다. 우리의 생각
이 닿을 수 없는 그 깊은 곳으로.

광활함에 비하면 우리는 한없이 작게 느껴집니다. 하지만 끝을
알 수 없는 깊이는 이미 우리 안에 존재합니다. 그것은 결코 우리 자
신과 분리할 수 없는 본질입니다.

이 세상에 존재하는 수많은 형체와 그것을 품고 있는 공간은 서로의 경계를 허물고 어우러져 있습니다. 우리를 둘러싼 풍경 속에서도, 우리 마음속 깊은 곳에서도.

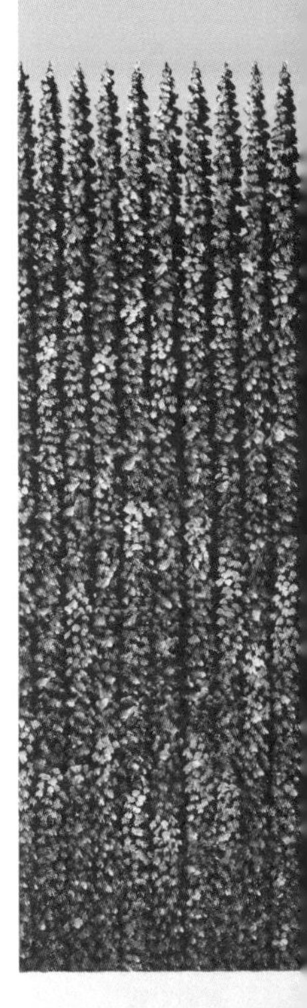

Eckhart Tolle's Findhorn Retreat

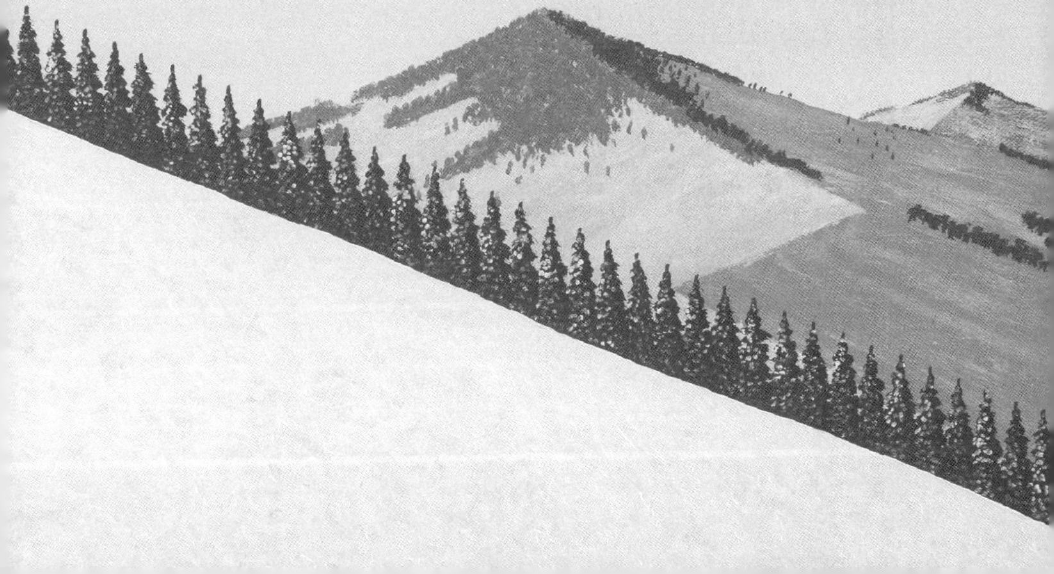

This teaching isn't based on knowledge, on new interesting facts, new information. The world is full of that already. You can push any button on the many devices you have and get information. You're drowning in information.

And ultimately, what is the point of it all? More information, more things, more of this, more of that. Are we going to find the fullness of life through more things and greater and bigger shopping malls?

Are we going to find ourselves through improving our ability to think and analyze, through accumulating more information, more stuff? Is "more" going to save the world?

*The angel cloud, the pond, the fish, the ripples on the water . . .
and the perceiving consciousness creating the form of this
moment.*

In the egoic state, love gets confused with form, and so you think your love is in this form, in this other person. You don't realize that true love is the recognition of the formless in the other — which is the recognition of yourself in the other.

You can recognize it in natural things more easily, so first approach the world of nature and relate to it as much as possible through stillness, through Presence. Then gradually bring it into your relationships with other people.

Let them be. Be still with other people, as you are with nature. Sense the field of attention that flows out toward them. Listen, and while you're listening sense yourself as the awareness, the Presence.

You are the sky. The clouds are what happens,
what comes and goes.

When you are present in this moment, you break the continuity of your story, of past and future. Then true intelligence arises, and also love. The only way love can come into your life is not through form, but through that inner spaciousness that is Presence. Love has no form.

When the mind loses its density, you become translucent, like the flower. Spirit — the formless — shines through you into this world.

You can never make it on the level of form. You can never quite arrange and accumulate all the forms that you think you need so that you can be yourself fully.

Sometimes you can do it for a brief time span. You can suddenly find everything working in your life: Your health is good; your relationship is great; you have money, possessions, love, and respect from other people.

But before long, something starts to crumble here or there, either the finances or the relationship, your health or your work or living situation. It is the nature of the world of form that nothing stays fixed for very long — and so it starts to fall apart again.

Forms dissolve; new forms arise. Watch the clouds. They will teach you about the world of form.

*"My thoughts used to weigh heavily upon me, until I became
aware of the gap, no matter how small . . ."*

The sun never sets. It is only an appearance due to the observer's limited perspective. And yet, what a sublime illusion it is.

When you no longer compulsively label things, when you let go of attachment to your story, you become alive to the present moment. Presence arises and replaces the conceptual sense of self.

You become quite simple. The need to be special falls away. You become ordinary. You don't need to project a sense of specialness anymore and find your identity in that.

What a freedom comes to you when you no longer need to be special to get some sense of your identity! What a freedom comes when you're in touch with the preciousness that is the essence of who you are.

When you listen to a bird, there is a moment of pure listening before the mind says something about it. If you can catch yourself whenever something new enters your awareness, you can be conscious of that first moment. There it is: the stillness, the aliveness, the awareness itself.

When you become conscious of it, you may find that the gap becomes longer. The stillness that is the background to sense perceptions becomes more vast. It is always vast, but you didn't know it. The stillness in you expands, and then, as you go about your life, that state of consciousness flows into what you do.

So still is the lake, it almost dissolves into no-thingness.

Step through the portal of Now.

The voice in the head that never stops speaking becomes a civilization that is obsessed with form and therefore knows nothing of the most important dimension of human existence:

the sacred,

the stillness,

the formless,

the divine.

"What does it profit you if you gain the whole world and lose yourself?"

There's a beautiful story of a vision the woman who wrote *A Course in Miracles* had. In her vision she found a scroll in an old box. It was ancient, and as she started to unroll it she saw some writing on the left and some on the right, and she heard a voice saying, *If you read what is on the left, you will know the past, and if you read what is on the right, you will know the future.*

She looked to the left and the right, and then she rolled the scroll back to the beginning, where there was a central panel on which was written, *God is.* She said, *This is all I am interested in. I don't want anything else.* And the voice said, *Congratulations. You made it this time.*

Her focal point had become the present moment.

The form of this moment is the portal into the formless dimension. It is the narrow gate that Jesus talks about that leads to life. Yes, it's very narrow: it's only this moment.

To find it, you need to roll up the scroll of your life on which your story is written, past and future. Before there were books, there were scrolls, and you rolled them up when you were done with them.

So put your story away. It is not who you are. People usually live carrying a burden of past and future, a burden of their personal history, which they hope will fulfill itself in the future. It won't, so roll up that old scroll. Be done with it.

Seek out a tree, and let it teach you stillness.

The original reason for art is the sacred — to be a portal, an access point for the sacred. When you see it or experience it, you experience yourself. In it you see yourself reflected. In true art, the formless is shining through the form.

Ultimately, it is not everybody's purpose to create works of art. It is much more important for you to *become* a work of art. Your whole life, your very being, becomes transparent so that the formless can shine through. That happens when you are no longer totally identified with the world of form.

It happens when you have access to the realm of stillness within yourself. Then something emanates through the form that is not the form.

You are the light in which these forms appear.

The nature of the tree: still, yet active and intensely alive, reaching toward heaven.

A landscaped garden the mind can understand, but the forest is too chaotic. It conceals a higher order that cannot be understood through thought. Yet you can sense that order when you become still. You are part of it, part of that sacredness.

You are the sky. The clouds are what happens, what comes and goes.

You don't solve problems by thinking; you create problems by thinking. The solution always appears when you step out of thinking and become still and absolutely present, even if only for a moment. Then, a little later when thought comes back, you suddenly have a creative insight that wasn't there before.

Let go of excessive thinking and see how everything changes. Your relationships change because you don't demand that the other person should do something for you to enhance your sense of self. You don't compare yourself to others or try to be more than someone else to strengthen your sense of identity.

You allow everyone to be as they are. You don't need to change them; you don't need them to behave differently so that you can be happy.

Every thought in your mind that you're unaware of has a sense of self in it. A sense of *I am.*

You identify with the movement of thought. That is the essence of unconscious living. And that is why people continually live for the future — in their thoughts of the future, they are hoping to complete their insufficient sense of self. They are hoping to find the happy ending of their life story, a mental construct which they confuse with their identity.

Hence, the compulsive searching for more has become the dilemma of human existence.

The photographer raising his hand to salute the sun's as well as his own reflection on an air bubble in a pool of water on the beach.

A few more seconds, a few more years, a few more aeons — and they will all be gone.

Outer space and inner space are ultimately one.

"Split a piece of wood; I am here. Lift up the stone, and you will find me there."

— Gospel of Thomas

It has been said that there are two ways of being unhappy: not getting what you want, and getting what you want.

When people attain what the world tells us is desirable — wealth, recognition, property, achievement — they're still not happy, at least not for long. They're not at peace with themselves. They don't have a true sense of security, a sense of finally having arrived.

Their achievements have not provided them with what they were really looking for — *themselves*. They have not given them the sense of being rooted in life, or as Jesus calls it, *the fullness of life.*

An animal hasn't lost its oneness with the totality. It is not burdened by a continuous stream of thinking. It is deeply rooted in Being. It does not create a world of problems. It is one with life.

*I am not waiting for the arrival of spring. I know there is a time for
action and a time for refraining from action. I am surrendered to
the present moment. I am one with life.*

As the light filters through the clouds, awareness filters through
my thoughts. Although I think, I still know that I am.

There's nothing wrong with doing new things, pursuing activities, exploring new countries, meeting new people, acquiring knowledge and expertise, developing your physical or mental abilities, and creating whatever you're called upon to create in this world.

It is beautiful to create in this world, and there is always more that you can do.

Now the question is, are you looking for yourself in what you do? Are you attempting to add more to who you think you are? Are you compulsively striving toward the next moment and the next and the next, hoping to find some sense of completion and fulfillment?

This, too, will pass.

No matter how long your journey appears to be, there is never more than this: one step, one breath, one moment — now.

The mind doesn't think, *Oh, that was interesting, I'll remember that,* because stillness is not interesting. "Interesting" is whatever the mind can think about, but that is not the ultimate.

Look at a tree, or a flower, or the sunset. The moment you analyze it, attach mental labels to it, it becomes interesting, but its depth and its aliveness are lost.

If you truly look at an oak tree, or a sunset, then what you're looking at goes far beyond being interesting. Just be with it, contemplate it, and it is awe inspiring. There is a depth there that defies analysis by the mind.

No form is eternal, but the eternal shines through the forms here. The forms are becoming transparent.

You are not eternal as a form, and yet there is a transparency in you even as you sit here. It is that which is beyond form, no matter what you call it — stillness, presence, a deep sense of *I am.* Before, it got mixed up with the story of *me,* with mental constructs.

The preciousness of Being is your true specialness. What the egoic self had been looking for on the level of the story — *I want to be special* — obscured the fact that you could not be more special than you already are now. Not special because you are better or more wretched than someone else, but because you can sense a beauty, a preciousness, an aliveness deep within.

Only when the fleetingness of all forms is recognized and accepted can the world be enjoyed for what it is: leela, the divine play, the song of the Tao.

The silent witness.

Thought subsides when you pet your dog or you have a purring cat on your chest. Even just watching an animal can take you out of your mind. It is more deeply connected with the source of life than most humans, and that rootedness in Being transmits itself to you. Millions of people who otherwise would be completely lost in the conceptual reality of their mind are kept sane by living with an animal.

If your mind is still, you can sense the peace that emanates from the earth.

We're here to find that dimension within ourselves that is deeper than thought.

How insignificant we seem to be, compared to the vastness. And yet that vastness, that infinite depth, is within us, inseparable from who we are.

Form and space interpenetrate each other, without as well as within.

이 책이 피난처가 되기를

삶의 문제는 우리를 끊임없이 흔들어 놓습니다. 하나의 문제를 해결하고 나면 또 다른 문제가 버티고 서 있죠. 그러나 에크하르트 톨레가 이 책에서 강조하듯, 그 모든 것은 결국 모양과 형태를 바꾸며 흘러가는 구름일 뿐입니다.

구름이 짙게 깔려 있다고 해서 하늘이 사라진 것은 아닙니다. 예상치 못한 온갖 문제가 밀려와도 우리 내면의 본질적인 평화는 한순간도 우리를 떠나지 않습니다. 우리가 해야 할 일은 그저 먹구름처럼 밀려오는 생각과 문제가 지나가기를 기다리는 것입니다. 그리고 그 너머의 푸른 하늘을 믿으며 지금, 이 순간을 온전히 살아내는 것입니다.

얼핏 번역가는 노트북 앞에 앉아 조용히 일하는 듯하지만, 속

사정을 들여다보면 전혀 그렇지 않습니다. 적절한 단어를 찾으려 애쓰는 동안에도 마음 한구석에는 어제의 후회와 내일의 걱정이 꼬리를 물고 이어지죠.

우아하고 고상하게 자판을 두들기는 이면에는 밀려오는 마감의 압박과 끊임없는 번뇌가 뒤섞인, 그야말로 소리 없는 아우성이 가득합니다. 이번에도 마찬가지였습니다. '지금, 이 순간'에 온전히 머물러야 한다는 톨레의 글을 옮기면서도 정작 제 머릿속은 수많은 생각으로 가득 차 있었습니다.

이 글을 읽는 독자 여러분 역시 크게 다르지 않을 것으로 생각합니다. 우리는 삶의 대부분을 '내일'을 준비하거나 '어제'를 복기하는 데 소비합니다. 그리고 그 생각은 대개 불안이라는 옷을 입고 찾아옵니다.

고통이 닥치면 영원할 것 같은 공포에 휩싸이고, 모처럼 찾아온 행복 앞에서는 쉬이 달아날까 전전긍긍합니다. 우리가 하는 걱정의 90퍼센트는 실제로 일어나지 않는다고 하지만, 그런 말은 귀에 잘 들어오지 않습니다. 저자는 바로 이 지점에서 우리가 '생각'이라고 믿었던 것이 사실은 허상임을 일깨우며 이 순간에 오롯이 집중하라고 권합니다.

어제도 오늘도 아닌 바로 오늘, '지금 여기'에 머물라는 저자의 가르침은 혼란한 일상에서 변치 않는 내면의 본질을 발견하도록

돕는 이정표가 되어줍니다.

이번 작업을 하며 번역 과정에서 생겨나는 단어에 대한 집착은 결국 지나가 버릴 하나의 '현상'에 불과하다는 것을 깨달았습니다. 꼬리를 무는 생각 탓에 집중이 잘 안될 때는 나 자신에게만 집중해 보았습니다. 신기하게도 단어 사이의 여백과 함께 선택해야 할 단어도 선명히 보이더군요. 이번 작업은 번역가로서 삶의 태도를 다시금 정립해 보는 계기가 되어주었습니다.

'이것 또한 지나가리라'라는 간결한 문장 안에 우리에게 말하고자 하는 모든 내용이 담겨 있습니다. 이번 번역 작업에서는 함축적이면서도 무게감이 느껴지는 저자의 통찰을 최대한 그대로 전달하고자 했습니다. 그의 언어는 유려하기보다 간결하고 묵직합니다. 여백조차 허투루 넘길 수가 없죠. 그 힘을 훼손하지 않으면서도 자연스럽고 편안한 우리말로 옮겨내고자 노력했습니다.

때로는 적절한 표현을 찾지 못해 며칠을 고민하기도 했고, 행여 날카로운 통찰을 담아내기에 부족하진 않을까 수없이 고쳐 쓰기도 했습니다. 그렇게 고심 끝에 나온 이 책에는 톨레의 깊은 사색이 담긴 문장과 사진, 아름다운 그림이 조화롭게 담겨 있습니다. 천천히 음미하듯 읽어보시길 권합니다. 책의 이야기가 머리로 이해되는 수준을 넘어 독자 여러분의 일상 속 실천으로 이어질 것입니다. 이 책이 부디 독자 여러분의 삶에 작은 위안과 변화의 계기가 되기를 바랍니다.

행복도 시련도 모두 지나갑니다. 삶의 문제는 계속해서 밀려오지만, 그것이 우리의 존재 자체를 집어삼킬 수는 없습니다. 문제의 소용돌이 속에서 한 발짝 물러나 현재에 집중할 때 우리는 비로소 불필요한 고통으로부터 자유로워질 수 있습니다.

독자 여러분도 각자의 무거운 짐을 잠시 내려놓고 있는 그대로의 평온을 찾기를 진심으로 바랍니다. 거창한 깨달음이 아니더라도 지금, 이 순간을 온전히 살아낼 힘을 얻으셨다면 옮긴이로서 더할 나위 없는 기쁨일 것 같습니다.

그 림 목 록

지금, 우리 내면에 깃든 심연을 향해 나아갑니다.
우리의 생각이 닿을 수 없는 그 깊은 곳으로.

소란한 삶이 고요해지는 순간

이것 또한 지나가리라

초판 1쇄 인쇄 2026년 1월 22일
초판 1쇄 발행 2026년 2월 4일

지은이 에크하르트 톨레
옮긴이 최윤영
펴낸이 김선식

부사장 김은영
책임기획 옥다애 **책임편집** 옥다애 **디자인** 정아연 **책임마케터** 이다은
콘텐츠사업4팀장 박윤아 **콘텐츠사업4팀** 정아연, 옥다애, 최유진
마케팅사업2팀 오서영, 이다은 **홍보2팀** 정세림, 고나연
브랜드사업본부장 정명찬
브랜드홍보팀 오수미, 서가을, 박장미, 박주현 **영상홍보팀** 이수인, 염아라, 이지연, 노경은
저작권팀 성민경, 이슬 **편집관리팀** 조세현, 김호주, 백설희
재무관리팀 하미선, 임혜정, 이슬기, 김주영, 오지수
인사총무팀 강미숙, 김재경, 김혜진, 김주림, 황종원
제작관리팀 이소현, 김소영, 유미애, 이지우, 이승협
물류관리팀 김형기, 김선진, 주정훈, 양문현, 채원석, 박재연, 이준희, 최대식
외부스태프 표지 및 본문 그림 손정기

펴낸곳 다산북스 **출판등록** 2005년 12월 23일 제313-2005-00277호
주소 경기도 파주시 회동길 490 다산북스 파주사옥
전화 02-704-1724 **팩스** 02-703-2219 **이메일** dasanbooks@dasanbooks.com
홈페이지 www.dasan.group **블로그** blog.naver.com/dasan_books
종이 스마일몬스터 **인쇄** 민언프린텍 **제본** 국일문화사 **코팅·후가공** 평창피앤지

ISBN 979-11-306-7409-4 (03100)

다산북스(DASANBOOKS)는 책에 관한 독자 여러분의 아이디어와 원고를 기쁜 마음으로 기다리고 있습니다.
출간을 원하는 분은 다산북스 홈페이지 '원고 투고' 항목에 출간 기획서와 원고 샘플 등을 보내주세요.
머뭇거리지 말고 문을 두드리세요.